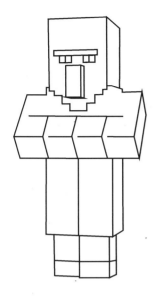

MATH COLORING
FOR MINECRAFTERS
VOLUME 1

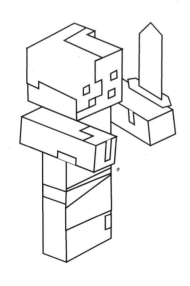

GAMEPLAY
PUBLISHING

CONTENTS

3. ZOMBIE

BASIC ADDITION

7+2	3+6	5+4	5+5	9+1	2+8	7+3	4+6	10+0	8+1	6+4	2+7	3+7	6+3	4+6	5+4
	7+3	6+4	8+2	1+2	2+1	3+1	2+2	4+0	1+3	0+4	2+1	2+7	9+0		0+10
2+8	7+3	4+6	10+0	2+2	0+4	1+3	4+0	2+1	2+2	1+2	3+0	8+1	6+4	2+7	3+7
6+4	2+7	3+7	6+3	2+1	0+3	2+2	1+3	0+4	3+1	2+1	2+2	9+1	2+8	7+3	4+5
1+9		5+5	4+6	3+1	1+0	1+1	2+1	3+1	0+2	1+1	1+2	10+0	8+1	6+4	2+7
6+3	4+6	5+4	3+7	0+4	1+2	3+0	9+1	8+2	0+3	2+2	3+1	6+3		2+8	9+1
2+8	7+3	6+4	8+2	1+3	0+4	7+2	3+1	2+2	6+3	1+2	4+0	1+8	2+8	2+7	
8+1	6+4	2+7	3+7	2+2	2+1	5+4	5+5	8+2	9+1	2+1	3+1	2+8	7+3	4+6	10+0
2+8	1+4	2+3	1+5	2+4	3+3	1+3	2+2	2+1	3+1	3+3	1+4	2+4	5+1	3+2	1+9
3+6	5+0	3+3	4+1	3+2	5+1	4+2	0+6	2+4	1+5	2+3	4+1	0+5	2+3	2+4	5+4
7+3	2+4	3+2	5+0	1+4	2+3	5+1	2+4	2+3	4+2	0+6	4+1	3+3	5+1	3+2	4+6
9+1	1+2	3+1	0+4	0+6	2+4	1+5	2+3	4+1	0+5	2+3	2+4	1+3	1+2	2+2	7+3
0+9	2+2	2+1	1+3	2+4	2+3	4+2	0+6	4+1	3+3	5+1	3+2	1+2	3+1	0+4	8+1
8+2	3+0	1+2	2+2	5+0	3+3	4+1	3+2	5+1	4+2	0+6	2+4	2+2	2+1	1+3	2+7
4+6	1+2	3+1	0+4	1+6	5+2	3+4	1+7	2+6	5+1	3+3	1+5	3+0	1+2	2+2	6+4
1+8	2+2	2+1	1+3	5+3	6+2	7+1	8+0	4+3	6+1	4+2	2+3	2+2	1+3	2+1	5+4
2+7	3+0	1+2	2+2	2+5	4+3	7+0	6+2	3+5	1+7	3+4	0+8	3+1	1+2	4+0	5+5
5+4	3+7	8+2	1+9	1+6	2+5	4+3	7+1	6+2	3+5	2+6	8+0	3+7	6+3	4+6	5+4
7+3	4+6	10+0	8+1	0+7	7+1	2+6	5+3	2+5	4+4	3+4	1+7	9+1	2+8	7+3	4+5
2+8	7+3	4+5	3+6	4+4	1+7	6+1	6+2	3+5	4+3	0+8	2+6	2+8	7+3	4+6	10+0
1+2	2+2	1+2	1+3	5+3	2+5	3+4	1+7	1+6	3+4	6+2	4+4	2+1	3+0	1+2	2+2

KEY: **1, 2** BLACK **3, 4** GREEN **5, 6** BLUE **7, 8** PURPLE **9, 10** GREY

*Blank squares are white

4. STEVE

2+7	3+6	4+5	5+5	2+7	3+6	4+5	5+5	6+4	1+8	2+7	3+6	2+7	6+4	3+7	1+8
5+5	3+7	2+8	1+8	1+0	2+0	1+1	2+0	1+0	1+1	2+0	1+1	4+5	2+8	3+6	2+8
2+8	1+8	2+8	3+7	1+1	3+0	2+2	4+0	3+0	4+0	1+2	1+0	5+5	1+8	6+4	5+5
2+8	6+4	5+5	4+5	1+2	4+0	2+1	2+2	2+1	2+2	2+1	4+0	2+7	3+7	2+8	6+4
3+6	3+7	6+4	2+7	2+2		2+3	3+0	2+2	5+0		2+2	3+6	2+8	5+5	3+7
2+8	1+8	2+8	3+6	4+0	2+1	3+0	1+1	1+0	3+0	2+1	4+0	5+5	6+4	3+6	1+8
5+5	2+8	3+7	6+4	2+2	4+0	1+0	1+2	2+2	1+0	2+1	2+2	4+5	3+7	2+8	3+7
4+5	3+6	2+7	1+8	2+2	1+2	2+0	2+0	1+0	1+1	4+0	1+2	1+8	3+6	2+7	6+4
3+7	2+3	4+2	5+0	3+3	2+3	3+0	4+0	1+2	4+0	3+3	4+2	3+3	1+5	2+3	5+5
2+7	3+3	1+5	6+0	2+3	1+5	4+2	2+3	3+3	4+2	2+3	1+5	5+0	6+0	4+2	3+6
4+5	4+2	5+0	2+3	4+2	3+3	5+0	1+5	6+0	2+3	5+0	6+0	2+3	5+0	3+3	4+5
6+4	1+2	3+0	2+2	5+0	6+0	6+0	4+2	3+3	5+0	4+2	1+5	2+2	1+2	2+2	1+8
1+8	4+0	2+1	3+0	4+2	1+5	2+3	6+0	1+5	2+3	6+0	3+3	4+0	2+1	3+0	6+4
3+6	3+0	2+2	4+0	2+3	3+3	4+2	5+0	3+3	5+0	4+2	5+0	3+0	2+2	4+0	2+7
2+7	4+0	4+0	1+2	1+6	2+5	3+4	4+3	1+6	2+3	1+5	4+2	2+2	3+0	1+2	5+5
5+5	2+1	2+2	4+0	4+3	4+4	1+7	2+5	4+4	2+5	3+3	2+3	4+0	2+1	2+2	3+6
4+5	1+2	4+0	3+0	1+7	2+6	3+5	1+7	3+5	2+6	4+3	1+6	1+2	2+2	3+0	4+5
1+8	3+6	2+7	1+8	2+5	3+5	1+6	3+5	3+4	1+6	1+7	3+4	1+8	3+6	2+7	6+4
2+8	5+5	3+7	4+5	3+4	8+0	4+4	3+4	2+6	4+4	2+6	2+5	5+5	2+8	3+7	1+8
5+5	3+6	2+8	5+5	4+4	1+7	2+6	3+5	1+7	3+5	1+7	4+4	6+4	3+6	6+4	5+5
1+8	3+7	6+4	2+7	1+6	2+5	3+4	4+4	1+6	2+5	4+3	1+6	2+7	1+8	4+5	3+6

KEY: **1, 2** BROWN **3, 4** TAN **5, 6** BLUE **7, 8** PURPLE **9, 10** GREEN

*Blank squares are white

9. SKELETON

BASIC SUBTRACTION

2-1	1-0	3-2	7-6	4-3	6-5	9-8	10-9	3-2	5-4	5-4	1-0	9-8	[illegible]	5-4	4-3
10-9	5-4	3-2	1-0	4-2	5-3	6-4	7-5	8-6	9-7	4-2	6-4	3-2	2-1	[illegible]-3	1-0
7-6	3-2	1-0	8-7	7-5	2-0	3-1	4-2	6-4	2-0	10-8	3-1	1-0	4-3	9-[illegible]	3-2
9-8	7-6	4-3	5-4	5-3	9-7	10-8	6-4	3-1	5-3	6-4	2-0	3-2	5-4	6-5	5-4
5-4	1-0	9-8	7-6	7-5	3-1	2-0	4-2	7-5	3-1	4-2	9-7	6-5	2-1	7-6	5-4
7-6	7-6	1-0	5-4	4-2	4-0	5-1	9-7	5-3	9-5	4-0	4-2	5-4	4-3	1-0	1-0
1-0	4-3	7-6	3-2	2-0	3-1	5-3	4-2	2-0	7-5	5-3	2-0	1-0	3-2	4-3	2-1
5-4	1-0	3-2	7-6	3-1	6-2	7-3	8-4	4-0	9-5	7-3	3-1	7-6	2-1	9-8	4-3
10-9	3-2	9-8	5-4	6-4	7-5	5-3	9-7	3-1	2-0	3-1	4-2	3-2	4-3	7-6	5-4
2-1	1-0	10-9	6-5	4-3	7-6	5-4	4-2	8-6	9-8	6-5	10-9	7-6	5-4	9-8	3-2
9-8	4-2	6-4	3-1	9-7	7-5	3-1	2-0	5-3	3-1	6-4	2-0	9-7	3-1	4-2	3-2
2-1	5-3	8-6	7-5	2-0	5-3	10-8	1-0	3-2	7-5	10-8	8-6	2-0	7-5	5-3	1-0
4-3	7-5	3-1	6-5	7-5	5-3	3-1	9-7	9-7	4-2	3-1	4-2	3-2	5-3	3-1	3-2
3-2	6-4	5-3	4-3	8-6	4-2	7-5	3-1	6-4	7-5	4-2	7-5	4-3	2-0	5-3	2-1
5-4	2-0	9-7	5-4	7-6	5-3	2-1	2-0	7-5	5-4	5-3	7-6	9-8	2-0	6-4	9-8
6-5	5-3	3-1	1-0	9-8	4-2	9-7	7-5	8-6	9-7	2-0	3-2	8-7	6-4	7-5	4-3
7-6	10-8	3-1	5-4	2-1	10-9	4-3	3-1	10-8	7-6	6-5	5-4	1-0	3-1	10-8	10-9
4-1	9-7	2-0	5-2	3-0	6-3	4-1	5-3	4-2	6-3	3-0	8-5	7-4	2-0	9-7	6-3
6-3	6-4	7-5	7-4	4-2	3-1	7-5	6-4	2-0	6-4	3-1	4-2	5-2	6-4	7-5	9-6
8-5	4-2	5-3	8-5	8-6	10-8	3-1	4-2	3-1	5-3	7-5	3-1	9-6	5-3	4-2	10-7
5-2	3-0	4-1	6-3	4-1	2-0	8-6	5-2	3-0	7-5	6-4	6-3	10-7	4-1	3-0	7-4

KEY: **1** BLUE **2** GREY **3** GREEN **4** BLACK

10. ZOMBIE VILLAGER

BASIC SUBTRACTION

9-8	1-0	2-1	3-2	7-6	8-7	6-5	10-9	1-0	5-4	10-9	3-2	5-4	1-0	5-4	6-5	9-8	7-6
5-4		9-8	2-1	5-4	2-0	8-6	4-2	5-3	10-8	9-7	7-5	2-0	3-2		1-0		2-1
3-2	6-5	5-4	1-0	5-4	5-3	7-5	2-0	6-4	8-6	3-1	4-2	9-7	1-0	2-1	9-8	3-2	5-4
8-7	7-6	5-4		10-9	4-2	9-7	3-1	2-0	5-3	6-4	7-5	8-6	2-1	5-4	8-7	1-0	10-9
1-0	2-1	7-6	5-4	3-2	8-6	5-3	7-5	4-2	2-0	9-7	5-3	2-0	7-6	10-9		3-2	6-5
6-5	3-2	8-7	1-0	9-8	7-5	4-2	3-1	9-7	7-5	3-1	4-2	6-4	8-7	4-3	1-0	5-4	2-1
10-9		4-3	2-1	1-0	10-8	2-0	6-4	8-6	9-7	5-3	4-2	7-5	1-0	9-8	7-6	5-4	4-3
2-1	8-7	3-2	5-4	2-1	3-1	1-0	3-2	3-2	5-4	8-7	9-8	2-0	5-4	2-1	1-0		2-1
3-2	9-8	1-0	2-1	3-2	9-7		8-3	4-2	10-8	9-4		8-6	4-3	8-7	9-8	1-0	6-5
4-3	5-4	9-8	6-5	2-1	4-2	8-6	4-2	4-0	10-6	9-7	3-1	4-2	10-9	3-2	1-0	7-6	4-3
1-0	10-9	8-7		4-3	7-5	2-0	6-4	8-4	6-2	7-5	2-0	3-1	7-6	6-5	8-7	5-4	9-8
2-1	4-3	1-0	2-1	7-6	4-2	3-1	6-5	5-1	4-0	2-1	6-4	7-5	8-7		4-3	8-7	2-1
7-6	3-2	2-1	8-7	9-8	2-0	9-7	10-8	7-3	9-5	8-6	5-3	2-0	1-0	5-4	3-2	1-0	5-4
5-4	3-0	5-2	6-3	7-4	5-2	8-5	3-0	4-0	5-1	5-2	8-5	9-6	3-0	6-3	4-1	3-0	3-2
9-8	8-5	9-6	5-2	10-7	4-1	5-2	10-7	7-4	4-1	4-1	6-3	10-7	5-2	10-7	7-4	9-6	7-6
6-5	7-4	3-0	7-4	9-6	7-4	3-0	8-5	6-3	7-4	3-0	9-6	7-4	9-6	7-4	3-0	5-2	4-3
2-1	6-3	4-1	9-6	6-3	7-4	5-2	9-6	4-1	9-6	3-0	4-1	10-7	5-2	4-1	8-5	9-6	1-0
5-4	5-2	7-4	8-5	3-0	9-6	3-0	7-4	7-4	10-7	5-2	6-3	5-2	8-5	6-3	3-0	7-4	3-2
2-1	2-0	6-4	2-0	9-7	7-4	6-3	4-1	5-2	7-4	9-6	4-1	3-0	2-0	7-5	4-2	8-6	2-1
10-9	5-3	7-5	4-2	3-1	8-5	4-1	10-7	9-6	5-2	3-0	7-4	10-7	9-7	4-2	2-0	6-4	10-9
1-0	4-2	8-6	10-8	2-0	3-0	6-3	7-4	3-0	8-5	7-4	5-2	9-6	4-2	5-3	10-8	2-0	7-6

KEY: **1** GREY **2** GREEN **3** BLUE **4** BROWN **5** RED

*Blank squares are white

11. SHEEP

BASIC SUBTRACTION

3-2	5-4	9-8	8-7	3-2	5-4	1-0	3-2	6-5	8-7	3-2	6-5	1-0	5-4	9-8	3-2	5-4
1-0	2-0	3-1	6-4	8-6	4-2	8-6	3-1	5-3	2-0	4-3	8-7	4-0	2-1	4-3	6-5	1-0
6-5	4-2	5-3	7-5	3-1	5-3	2-0	7-5	4-2	3-1	5-4	6-2		5-1	8-7	2-1	3-2
9-8	3-0	4-1	5-2	6-3	4-1	7-4	6-3	8-5	4-1	1-0	9-8	7-3	3-2	5-4	8-4	4-3
4-3	6-1		7-4	9-6	8-5	5-2	9-6		6-1	8-7	2-1	6-5	4-3	9-5		4-0
3-2	5-2	6-3	8-5	6-3	3-0	8-5	9-6	8-5	5-2	3-2	5-4	5-4	2-1	1-0	5-1	5-4
6-5	4-2	3-1	7-4	5-2	6-3	7-4	4-1	3-1	2-0	6-5	8-7	8-4	8-7	5-4	2-1	9-8
1-0	5-3	6-4	4-1	4-0	5-1	6-2	6-3	4-2	5-3	5-4	4-0		7-3	6-5	3-2	6-5
8-7	7-5	8-6	6-3	7-3	8-4	9-5	5-2	6-4	7-5	9-8	4-3	6-2	2-1	4-3	5-4	4-3
9-8	3-1	2-0	5-2	5-1	6-2	5-1	3-0	8-6	3-1	3-2	1-0	8-7	3-2	5-4	6-5	3-2
4-3	3-2	4-2	5-3	3-1	4-2	3-1	5-3	2-0	5-3	6-4	5-3	2-0	6-4	3-1	2-0	1-0
6-5	5-4	6-4	7-5	8-6	7-5	6-4	8-6	7-5	9-7	3-1	8-6	7-5	9-7	8-6	7-5	9-8
3-2	9-8	3-1	5-3	9-7	4-2	10-8	5-3	6-4	4-2	10-8	6-4	10-8	4-2	2-0	6-4	5-4
8-7	1-0	6-4	2-0	3-1	7-5	2-0	9-7	10-8	8-6	2-0	5-3	3-1	8-6	10-8	5-3	8-7
4-3	3-2	4-2	7-5	9-7	6-4	10-8	8-6	3-1	5-3	8-6	9-7	10-8	6-4	7-5	4-2	3-2
1-0	9-8	5-3	8-6	5-3	2-0	9-7	4-2	7-5	9-7	6-4	3-1	8-6	2-0	5-3	3-1	9-8
2-1	5-4	3-1	7-5	8-6	7-5	6-4	5-3	6-4	2-0	8-6	7-5	5-3	4-2	7-5	2-0	6-5
6-5	1-0	3-2	2-0	6-4	3-1	7-5	3-2	1-0	8-7	5-4	3-1	6-4	7-5	5-3	3-2	4-3
1-0	5-4	9-8	3-1	4-2	5-3	2-0	9-8	2-1	4-3	9-8	2-0	4-2	3-1	2-0	9-8	5-4
9-8	8-7	3-2	5-4	4-1	3-0	5-2	4-3	5-4	1-0	4-3	3-2	5-2	3-0	4-1	2-1	5-4
3-2	5-4	2-1	4-3	1-0	4-3	8-7	5-4	3-2	8-7	1-0	6-5	1-0	8-7	5-4	4-3	3-2

KEY: **1** GREEN **2** GREY **3** BROWN **4** PINK **5** BLACK

*Blank squares are white

12. MAGMA CUBE

ADVANCED SUBSTRACTION

1-0	3-1	2-1	5-4	3-2	8-7	8-6	9-8	2-0	3-1	12-10	20-19	11-9	6-5	5-4	6-0
5-4	6-5	3-0	4-0	8-4	9-6	12-8	13-9	9-5	13-10	3-0	15-11	12-8	5-1	2-0	12-10
12-10	10-9	5-1	13-9	5-2	7-4	3-0	12-8	7-4	12-9	6-2	12-8	6-2	3-0	1-0	2-0
3-2	1-0	10-8	3-2	20-19	6-5	5-4	2-0	12-10	9-8	1-0	3-2	8-7	5-4	8-6	7-5
6-0	3-2	9-5	9-6	10-0	18-9	10-1	7-4	9-6	11-1	9-0	16-6	11-7	8-4	2-0	5-4
4-2	12-10	8-4	15-11	20-10	12-3	10-0	4-0	11-7	17-7	10-1	15-5	12-8	9-6	6-5	6-1
2-0	6-5	8-6	2-1	6-0	12-7	10-4	5-0	6-1	7-2	12-6	7-1	3-1	8-7	10-9	3-2
5-4	4-2	9-6	7-4	12-8	5-2	7-4	7-3	4-0	9-5	6-2	5-1	3-0	5-1	12-10	4-2
12-6	10-9	7-4	3-0	10-5	12-6	17-10	6-3	8-4	8-1	5-0	12-6	15-11	9-5	5-4	1-0
9-8	4-2	5-2	8-4	5-0	6-1	17-9	6-2	10-6	9-1	6-1	12-7	10-6	5-2	5-3	7-6
5-4	4-2	4-0	9-5	5-1	12-8	5-1	3-0	7-4	5-1	9-6	7-3	12-9	3-0	12-10	3-1
4-2	12-10	8-7	3-1	20-15	15-10	5-0	11-6	9-3	7-2	10-5	6-1	2-0	2-1	3-2	7-1
9-3	2-0	8-4	9-5	5-1	6-3	5-2	3-0	9-6	4-0	9-5	6-2	8-5	9-6	4-2	12-10
6-5	5-4	13-10	3-0	9-6	11-7	9-6	5-1	13-9	5-2	10-6	9-5	7-3	6-2	5-3	9-3
5-0	8-7	9-8	2-1	11-6	9-3	6-0	12-7	8-3	12-6	6-1	10-5	5-4	3-2	11-9	5-4
10-5	4-2	13-9	9-5	6-2	4-0	10-6	3-0	7-4	6-2	13-10	4-0	5-2	6-3	2-0	8-7
12-10	1-0	7-4	5-1	3-0	8-4	11-7	6-3	9-6	5-1	7-3	3-0	10-6	13-9	1-0	9-7
9-8	4-3	4-2	20-19	4-2	8-7	3-1	10-9	5-3	7-6	7-5	8-7	6-5	2-0	4-2	9-8
6-0	8-7	5-1	4-0	9-6	3-0	13-10	5-1	12-8	6-2	9-6	7-4	5-1	8-4	5-3	6-0
12-6	4-2	3-0	12-8	13-10	11-7	8-4	6-2	4-0	5-1	5-2	9-5	12-8	3-0	5-4	6-1
15-10	8-6	3-1	6-5	7-6	2-0	11-9	1-0	3-2	9-8	12-10	10-8	6-5	5-4	8-7	2-1

KEY: **1, 2** GREY **3, 4** MAROON **5, 6** ORANGE **7, 8** YELLOW **9, 10** RED

13. WITCH

2-1	20-18	9-8	8-7	3-2	15-14	2-0	8-7	1-0	10-8	7-6	7-5	2-1	3-1	3-0	6-3	8-4	2-1
9-7	7-5	2-1	10-8	1-0	5-3	7-6	3-1	5-0	6-1	7-2	8-7	6-4	12-8		10-7	4-1	5-2
4-2	3-0	6-3	8-4	5-4	6-4	10-4	10-5	9-3	6-0	7-1	9-4	5-4	11-7	5-1	7-3		9-6
10-7		10-6		4-0	6-5	9-4	8-2	7-1	8-3	12-6	6-0	4-2	5-3	13-10	9-5	5-1	5-4
11-7	9-5	5-2	4-1	10-7	3-2	5-0	6-1	6-1	10-5	8-3	8-2	6-4	7-5	3-1	9-0	4-2	10-9
4-2	12-8		3-0	5-3	20-18	12-6	7-1	12-7	9-3	8-2	6-1	3-1	15-14	4-2	7-5	1-0	2-0
2-0	5-4	9-0	5-4	7-5	6-0	7-1	13-0	18-4	20-7	17-3	12-7	10-4	10-9	20-18	2-0	8-7	4-2
2-1	9-8	7-6	9-7	7-5	20-6	15-1	17-3	5-4	2-1	15-2	19-6	18-4	4-2	10-8	5-3	9-8	15-14
6-4	3-1	4-2	10-9	2-1	7-2	10-4	19-6	18-5	14-0	13-0	5-0	9-3	5-4	2-0	6-4	2-0	5-3
2-0	6-5	7-5	6-1	9-3	12-6	6-1	6-0	9-3	7-2	8-3	12-7	7-1	6-1	9-4	5-4	4-2	9-7
5-4	2-0	6-4	10-4	8-2	7-1	9-3	6-1	8-2	6-1	12-6	10-5	8-3	6-0	7-2	7-5	6-4	7-6
3-0	9-5	11-7	3-2	9-8	7-0	10-2	9-2	12-4	13-6	14-7	8-0	15-7	8-7	3-2		8-4	3-0
8-4		5-2	12-8	3-2	13-6	9-0	11-2	16-6	13-4	14-5	18-9	16-8	4-2	11-7	5-1	9-6	12-8
4-1	7-3	9-6		9-7	14-7		12-1	13-6	7-0	12-1		17-9	10-9	5-2	6-3		10-7
	4-0	5-1	1-0	4-2	9-2	12-4	16-8	15-5	14-5	8-1	16-9	8-0	6-4	7-6	7-3	9-5	4-1
2-1	10-1	2-0	10-9	5-4	12-2	15-7	10-2	15-6	16-6	14-7	9-2	11-2	3-2	5-4	2-0	9-0	7-5
5-3	4-2	1-0	5-4	8-7	13-3	8-0	16-9	18-9	9-0	15-7	12-5	14-5	7-5	9-7	4-2	7-6	6-4
5-4	3-1	6-4	2-1	13-0	11-2	12-5	15-7	13-4	14-5	16-9	10-2	15-5	14-0	3-2	10-8	4-2	9-8
13-2	20-9	12-1	20-6	14-1	15-1	14-7	12-4	10-0	16-6	7-0	16-8	15-2	14-1	18-5	13-2	20-9	12-1
15-4	14-3	16-4	17-5	20-8	14-0	18-5	16-8	9-2	17-9	13-6	19-6	19-5	12-1	17-6	16-5	15-4	14-3
12-1	17-6	20-9	16-5	15-4	13-2	14-0	18-4	17-3	19-6	20-7	13-0	16-4	17-5	20-8	11-0	13-2	12-0

KEY: **1, 2** GREEN **3, 4** RED **5, 6** BLACK **7, 8** TAN **9, 10** BROWN **11, 12** PURPLE **13, 14** GREY

*Blank squares are white

14. ZOMBIE PIGMAN

1-0	9-8	3-0	7-5	8-5	6-4	7-6	2-0	11-9	12-9	7-5	9-6	1-0	11-9	7-6	9-6	2-0
6-0	6-4	9-6	2-1	2-0	15-3	15-5	4-0	5-1	7-3	7-2	9-5	9-6	6-4	12-6	5-4	11-9
7-5	12-9	1-0	5-4	9-6	20-8	12-2	13-2	10-5	11-6	8-3	8-4	12-9	5-4	2-1	8-5	7-5
7-4	11-9	8-7	6-4	4-1	20-7	16-4	16-5	17-6	9-5	12-7	13-9	9-8	8-7	2-0	4-1	7-0
4-1	7-6	15-8	3-0	8-5	15-1	14-3	20-7	15-3	16-5		15-0	5-4	7-6	4-2	6-4	9-6
2-0	5-4	11-9	9-6	7-5	18-5	20-7	17-5	18-7	15-5	7-3	6-2	1-0	3-0	8-5	2-1	5-3
9-2	2-1	2-0	7-6	9-8	20-8	18-6	17-3	14-3	17-2	14-9	4-0	8-5	7-4	4-1	15-8	7-5
4-2	12-9	9-6	6-4	1-0	16-4	15-5	20-8	12-1	18-7	17-6	11-7	7-5	9-6	3-0	12-9	8-7
7-5	2-0	7-2	15-4	17-6	12-2	17-6	16-5	15-4	10-5	11-7	11-6	7-3	14-3	15-5	8-5	11-9
11-9	3-0	5-1	8-4	16-5					12-7	5-1	8-3	8-4	6-2	13-2	9-8	1-0
8-5	2-1	4-0	6-2	9-5	14-3	11-6	9-5	8-3	11-7	14-9	13-2	13-9	15-4	12-7	2-0	7-6
10-3	6-4	14-3	14-9	8-3					7-3	17-6	16-5	11-7	7-2	6-2	11-9	2-0
3-0	7-4	13-9	7-3	11-7	13-2	7-2	12-7	11-6	13-9	6-2	12-2	11-7	11-6	14-3	2-1	10-3
7-4	8-7	15-4	11-6	12-7				4-0	15-5	8-4	15-4	5-1	14-9	13-9	4-2	5-4
2-1	1-0	15-5	13-2	5-1	8-0	10-1	11-2	13-4	14-6	8-0	10-1	8-3	9-5	15-5	9-8	4-1
9-6	12-6	11-9	4-1	9-6	8-4	14-6	12-4	17-8	11-2	9-0	17-8	2-0	6-4	7-5	7-4	9-2
9-3	4-0	4-1	2-1	2-0	6-2	9-0	13-4	8-0	12-4	14-6	13-4	9-6	4-2	8-1	12-9	12-6
9-8	8-7	10-3	5-4	8-5	10-5			15-5			5-0	7-4	9-8	5-4	7-1	7-5
15-8	9-3	12-9	9-8	2-1			11-0	13-2	10-0			8-7	4-1	9-6	6-4	9-3
8-1	2-0	12-6	7-6	7-5	14-3	15-4	11-6	12-7	8-3	18-7	12-2	1-0	8-5	11-9	11-5	10-3
9-2	11-4	11-5	15-8	3-0	10-1	8-4	8-0	9-5	11-2	6-2	13-4	12-9	2-1	9-3	9-8	11-4

KEY: **1-3** YELLOW **4, 5** PINK **6, 7** RED **8, 9** BROWN **10, 11** GREEN **12, 13** GREY **14, 15** BLACK

*Blank squares are white

15. GHAST

3×7	5×10	4×10	6×6	7×5	5×10	7×6	7×5	8×5	5×10	7×6	9×5	7×5	9×4	7×7	9×4	7×5
6×6	7×7	8×5	1×1	2×5	2×3						3×3	1×10	4×2	8×5	3×7	9×5
5×5	9×5	9×4	1×10				2×4		2×2				1×1	5×10	9×4	7×6
4×10	8×6	5×10	2×2		2×5	1×1				5×1	3×2		1×2	9×4	4×10	8×6
8×6	7×4	7×7												6×6	7×7	3×10
7×7	7×7	9×4		1×10	0×0	1×0	3×0		7×0	0×0	3×0	2×5		8×6	4×10	8×6
5×10	2×10	4×10							2×5	5×1				4×10	5×5	4×10
9×4	7×7	7×7	2×4	5×1	3×2					1×2		3×3	2×5	9×4	8×6	7×6
8×5	7×5	8×6												7×7	9×5	7×7
6×4	9×5	5×10	2×3	3×2			7×0	0×0	1×0			5×1	4×2	6×6	4×10	4×10
8×6	7×7	8×6												7×7	7×7	9×5
8×3	7×6	8×5	4×2		2×5	2×4	1×10	2×3	1×1	2×2	2×5		3×2	4×10	6×2	8×6
4×10	7×7	9×5	7×5	5×10	3×3	6×6	4×2	7×5	3×2	5×10	4×2	6×6	7×7	9×4	6×6	7×4
5×10	3×7	8×5	7×7	7×7	2×2	7×7		8×5		7×7	5×1	9×4	5×10	4×10	3×7	8×5
3×9	6×6	5×5	5×10	9×5	2×3	4×10	2×5	5×10	1×2	9×5	1×1	7×7	8×6	3×9	8×5	6×6
9×5	7×7	9×4	7×7	4×10		9×5		9×4		8×5		7×6	9×4	9×5	6×4	7×6
7×6	6×4	8×5	7×4	8×6	1×1	8×6	3×2	7×5	3×3	7×7	4×2	8×5	3×9	5×5	4×10	5×5
3×10	7×7	7×6	2×10	9×4	8×6	9×4	1×2	8×6	9×4	8×5	2×3	8×3	4×10	6×3	8×3	5×10
6×6	7×5	5×5	3×7	8×2	7×5	4×10	5×10	7×6	7×7	6×4	4×10	7×4	3×7	5×5	3×9	6×4
3×10	3×9	3×5	8×3	6×6	6×4	6×6	7×5	3×10	6×6	9×2	3×10	5×10	3×10	8×2	8×3	9×2
3×7	2×10	7×4	5×5	9×2	3×7	5×10	4×10	6×2	8×3	5×5	3×9	2×10	3×7	3×10	3×5	3×7

KEY: **0** BLACK **1-10** GREY **11-20** ORANGE **21-30** YELLOW **31-50** RED

*Blank squares are white

16. VILLAGER

BASIC MULTIPLICATION

5×10	9×5	6×8	7×7	6×7	7×7	5×10	9×5	6×8	7×7	5×10	6×8	6×7	8×6	9×5	5×10
6×7	8×6		6×7	3×7	7×3	5×5	7×4	9×3	7×3	8×3	3×7	8×6	7×7		8×6
9×5	5×10	6×7	5×10	5×5	7×4	8×3	3×7	8×3	6×4	7×4	6×4	5×10	6×7	6×7	7×7
5×10	6×7	7×7	6×7	8×3	6×4	9×3	5×5	7×3	5×5	3×7	5×5	9×5		9×5	6×8
6×7	5×10	9×5	7×7	7×3	3×7	8×3	6×4	8×3	7×3	7×4	8×3	8×6	7×7	5×10	6×7
	7×7	6×7	6×8	6×4	9×3	7×4	5×5	3×7	9×3	5×5	3×7	6×7	8×6	9×5	9×5
7×7	5×10	7×7	6×7	3×7	8×4	4×9	5×7	8×4	6×6	8×4	6×4	5×10	6×7	7×7	7×7
6×7	9×5	7×7	5×10	7×4		1×0	7×4	9×3	2×0		7×4	7×7	9×5	8×6	5×10
5×10	6×7	7×7	6×7	5×5	9×3	3×7	5×7	8×4	7×3	9×3	5×5	6×7	5×10	9×5	6×8
7×7	6×8		6×8	4×9	7×4	8×3	6×6	9×4	5×5	8×3	6×6	6×8	6×7	7×7	
9×5	7×7	6×7	9×5	5×7	9×3	5×5	8×4	5×7	3×7	6×4	5×7	9×5	7×7	6×7	6×7
5×10	6×8	5×10	5×3	8×4	8×3	5×3	9×4	6×6	5×3	7×3	8×4	5×3	5×10	7×7	9×5
5×3	6×2	7×2	8×2	7×2	7×4	7×3	5×7	8×4	9×3	5×5	6×2	4×4	4×3	6×2	5×3
4×9	8×4	4×3	1×1	8×2	5×3	9×3	5×5	7×4	3×7	7×2	9×2	1×1	9×2	8×4	5×7
5×7	6×6	4×4	2×3	2×5	4×3	7×2	3×7	7×3	6×2	5×3	2×3	2×5	6×2	6×6	8×4
10×4	9×4	5×3	2×2	8×1	1×1	7×1	6×2	7×2	2×5	1×1	7×1	2×2	4×4	10×4	9×4
8×4	6×6	8×2	2×5	1×1	2×3	2×5	2×3	1×1	2×2	2×3	2×5	1×1	7×2	8×4	5×8
6×6	9×4	6×2	9×2	7×2	4×3	5×3	4×4	8×2	4×4	8×2	4×4	9×2	6×2	5×7	4×9
5×8	8×4	6×6	4×9	5×8	8×4	9×4	7×2	9×2	4×9	8×4	9×4	5×8	5×7	5×8	6×6
6×6	10×4	5×7	6×6	6×6	5×8	5×7	6×6	4×3	6×6	5×8	5×7	8×4	6×6	4×9	10×4
4×9	8×4	5×8	8×4	9×4	4×9	10×4	8×4	5×3	8×4	10×4	4×9	6×6	8×4	6×6	8×4

KEY: **0** GREEN **1-10** BLACK **11-20** GREY **21-30** TAN **31-40** BROWN **41-50** DARK BLUE

*Blank squares are white

17. SLIME

BASIC MULTIPLICATION

7×3	3×8	5×5	6×5	9×3	7×3	2×10	5×3	5×5	6×4	7×3	3×8	3×10	5×5	3×8	3×10	7×3
6×4	7×3	6×5	9×3	6×4	3×10	8×2	3×4	9×3	3×8	5×5	9×3	3×8	9×3	6×4	3×10	6×4
5×5	9×3	7×3	3×8	9×3	6×5	5×3	6×2	7×3	6×5	3×10	5×5	7×3	5×5	7×3	5×5	3×8
9×3	7×3	6×5	2×10	5×3	6×2	2×10	8×2	5×3	5×4	8×2	5×3	6×2	5×4	2×10	7×3	6×4
3×8	5×5	6×4	3×4	6×2	8×2	5×4	9×2	6×3	2×10	9×2	6×2	6×3	8×2	5×4	3×10	5×4
9×3	6×5	7×3	0×1	2×5	3×3	2×4	6×3	6×2	4×4	8×2	0×1	3×2	4×1	3×3	5×4	7×3
5×5	7×3	5×5	4×1	3×2	2×2	3×1	2×10	8×2	5×4	6×3	2×2	3×1	0×1	2×2	6×4	3×10
7×3	3×10	3×8	3×3	2×4	3×1	0×1	6×2	6×2	8×2	4×4	2×4	4×1	2×2	3×1	3×10	5×5
9×3	5×5	6×4	3×2	2×2	3×2	2×2	9×2	5×4	2×10	6×2	3×1	0×1	4×1	3×3	7×3	3×8
5×5	6×5	7×3	2×5	0×1	4×1	3×3	8×2	6×3	8×2	3×4	3×3	2×2	3×2	2×2	5×5	9×3
2×10	5×4	4×4	3×4	6×2	2×10	6×3	6×2	3×4	5×4	4×4	5×3	6×2	5×4	2×10	3×10	5×5
5×3	6×2	9×2	6×2	4×4	6×2	9×2	5×4	2×10	8×2	5×4	6×3	5×4	9×2	6×2	9×3	6×4
8×2	3×4	2×10	6×2	8×2	9×2	4×4	3×4	8×2	3×4	6×2	9×2	2×10	6×3	5×3	7×3	5×5
7×3	9×3	3×8	6×3	6×2	6×3	2×10	4×4	5×4	3×3	3×2	2×5	9×2	4×4	2×10	5×4	5×3
5×5	3×10	6×5	8×2	9×2	5×4	6×2	6×2	5×3	2×4	0×1	3×2	5×4	3×4	6×3	6×2	8×2
6×5	6×4	5×5	9×2	2×10	4×4	3×4	4×4	3×4	2×5	4×1	2×4	6×2	5×3	9×2	3×4	2×10
3×10	7×3	9×3	3×4	5×4	6×3	2×10	6×3	2×10	4×4	5×4	4×4	5×4	4×4	8×2	7×3	5×5
7×3	9×3	6×5	2×10	5×3	8×2	9×2	5×4	3×4	9×2	8×2	6×2	2×10	3×4	5×3	6×5	3×8
5×5	3×8	7×3	3×8	6×5	3×8	5×3	6×2	7×3	6×5	3×10	9×3	6×5	3×8	9×3	5×5	9×3
9×3	6×4	5×5	7×3	6×4	5×5	3×4	8×2	5×5	9×3	3×8	6×4	5×5	9×3	5×5	6×4	5×5
3×8	7×3	6×5	3×10	9×3	3×8	2×10	5×3	3×8	6×4	6×5	9×3	3×8	6×4	3×10	6×5	3×8

KEY: **0-10** GREY **11-20** DARK GREEN **21-30** LIGHT GREEN

18. SILVERFISH

8×4	6×6	8×5	4×10	6×6	7×5	6×6	8×5	6×8	6×6	6×7	7×5	9×5	7×5	6×8	6×7
9×5	6×7	8×4	7×5	6×7	4×3	6×8	0×1	2×0	7×5	4×10	6×7	6×6	5×10	7×5	8×4
6×8	5×10	2×6	6×8	8×4	6×6	7×5	2×0	0×1	8×4	6×6	4×3	7×5	2×6	9×5	6×6
6×6	8×4	7×5	6×6	5×3	6×7	8×5	2×6	4×3	5×3	6×8	5×10	9×5	6×8	4×10	6×8
7×5	7×2	9×5	6×7	6×8	7×5	8×4	1×1	5×4	8×3	8×5	6×7	5×4	7×5	6×8	8×4
4×10	6×8	9×5	6×6	2×6	5×10	7×2	9×2	5×6	4×4	9×2	8×5	4×10	6×6	9×2	8×4
8×5	6×7	4×3	9×5	8×4	6×6	3×2	4×4	4×3	2×2	2×6	9×5	6×6	6×8	8×5	4×10
8×4	8×4	9×5	6×8	8×5	5×3	7×2	7×4	5×5	7×2	8×4	6×7	2×6	9×5	8×4	6×8
6×8	9×5	6×6	4×4	6×7	9×2	5×5	4×3	4×4	5×6	8×5	4×4	4×10	8×4	5×6	6×6
6×6	6×7	8×5	9×5	8×4	3×3	7×4	5×2	8×3	2×4	6×6	7×5	6×8	6×6	7×5	8×4
9×5	2×6	9×5	6×7	2×6	4×4	5×4	7×2	9×3	4×3	5×6	2×6	6×7	4×3	8×4	6×6
7×5	6×6	6×8	8×4	5×6	5×3	7×4	2×6	7×3	5×5	7×2	9×2	7×5	8×4	4×10	9×5
6×7	9×5	7×4	6×8	7×2	5×5	9×2	5×5	5×5	8×3	4×4	5×3	6×7	5×5	7×5	6×8
8×4	5×10	9×5	8×5	5×2	3×2	5×3	3×3	5×6	9×3	2×2	1×1	5×10	6×8	6×6	5×3
9×5	7×5	6×7	9×5	8×4	8×3	4×4	9×2	5×5	2×6	8×3	8×4	6×6	6×7	7×5	8×4
6×8	8×4	9×5	2×6	6×8	7×2	7×4	5×6	9×3	7×4	9×2	8×5	5×5	5×10	7×5	9×5
6×7	5×5	6×6	6×8	8×5	2×4	5×3	2×2	3×2	9×3	3×3	6×8	4×10	6×8	5×4	6×6
5×10	6×8	8×4	9×5	6×7	8×4	4×4	5×4	7×4	5×5	8×4	6×6	9×2	6×7	9×5	6×6
8×4	6×6	6×7	7×5	5×5	6×6	8×3	9×2	5×6	7×2	6×6	7×5	9×5	8×4	6×8	7×5
9×5	4×3	5×10	8×4	4×10	9×5	2×0	2×6	5×3	0×1	9×5	6×7	6×8	2×6	6×7	5×10
8×5	7×5	9×5	6×6	6×7	8×5	9×5	8×4	7×5	6×8	8×5	4×10	6×6	9×5	8×5	6×8

KEY: **0** BLACK **1-10** BLUE **11-30** GREY **31-50** GREEN

19. WITHER BOSS

ADVANCED MULTIPLICATION

9×9	9×10	8×11	9×9	13×5	8×8	8×9	14×6	9×9	11×7	12×7	14×6	13×7	13×5	11×7	14×6	13×7	8×8
8×10	12×6	8×9	11×7	8×11	11×7	7×2	4×5	15×2	7×5	5×3	7×2	9×9	12×7	8×9	9×9	8×11	9×9
8×8	13×7	9×9	13×5	9×9	14×6	5×3	3×7	2×10	9×4	3×7	5×3	12×7	13×7	14×6	13×7	12×7	8×8
1×1	2×10	3×7	12×2	7×2	13×7	4×10	6×6	11×3	6×6	14×2	5×5	11×7	2×10	3×7	7×2	5×3	1×1
7×2	4×10	15×2	13×3	8×4	14×6	11×3		15×2	6×6		4×10	8×11	13×3	6×6	11×3	9×4	7×2
3×7		9×4		12×2	8×8	12×2	4×10	9×4	8×4	7×5	5×5	13×5	7×5		14×2		15×2
12×2	8×4	7×5	6×6	7×2	11×7	15×2				11×3	14×6	8×4	6×6	5×5	7×5	5×5	
15×2			3×7	13×5	6×3	11×3	14×2	5×5	8×4	6×6	8×9	13×3					13×3
5×3	4×5	1×1	7×2	6×3	9×9	5×3	7×2	4×10	1×1	14×2	7×2	9×9	7×2	6×3	5×1	4×5	5×3
10×10	9×9	2×10	12×2	13×3	9×4	7×5	6×6	9×4	6×6	11×3	7×5	14×2	5×5	3×7	1×1	13×5	9×9
12×6	8×10	14×6	8×11	12×6	9×10	13×5	11×7	12×2	2×10	9×9	13×5	8×11	8×8	12×6	8×11	14×6	8×8
9×9	12×6	9×10	13×5	9×9	14×6	1×1	4×5	6×3	5×3	4×5	1×1	9×9	8×9	12×7	9×10	13×5	12×6
11×7	8×9	12×7	8×11	8×8	13×7	9×4	8×4	12×2	5×1	13×3	9×4	8×10	12×6	8×10	12×6	12×7	8×8
13×5	8×8	13×7	10×10	14×6	8×10	8×9	9×9	8×4	7×2	8×8	8×9	14×6	9×10	12×6	8×11	8×9	9×9
9×9	14×6	11×7	9×10	13×7	8×9	2×10	5×1	6×3	4×2	5×3	2×10	11×7	8×10	13×7	8×8	9×9	9×10
7×7	11×4	13×4	5×10	11×4	9×6	13×3	6×6	7×5	1×1	8×4	9×4	11×4	15×3	7×7	5×10	11×4	15×3
5×10	9×6	8×8	7×8	7×7	5×11	8×6	7×7	9×4	6×3	15×3	13×4	5×10	13×4	8×8	8×6	9×6	13×4
11×4	7×8	15×3	5×11	8×6	15×3	11×4	3×7	13×3	5×3	15×2	9×6	7×8	5×11	11×4	15×3	8×6	7×7
8×6	12×6	7×8	8×9	9×6	13×4	9×6	15×3	12×2	7×2	7×7	8×6	15×3	13×4	9×6	12×6	5×11	5×10
15×3	11×4	13×5	13×4	11×7	7×8	5×10	7×7	3×7	1×1	5×10	9×6	7×8	13×5	8×6	13×4	11×7	11×4
10×10	11×7	8×10	7×7	8×8	12×6	15×3	11×4	13×4	7×7	11×4	13×5	11×4	8×10	14×6	7×7	8×9	8×8

KEY: **1-20** GREY **21-40** BLACK **41-60** RED **61-100** YELLOW

*Blank squares are white

20. ENDER DRAGON

ADVANCED MULTIPLICATION

6×11	8×8	9×8	13×5	8×8	7×9	6×11	5×15	13×5	7×11	12×6	8×8	6×11	9×8	5×15	7×9	6×11
9×8	7×9	13×5	7×9	8×7	7×7	7×11	7×11	8×8	8×9	9×8	5×12	6×9	13×5	7×11	8×8	9×8
12×6	7×11	5×15	7×11	6×9	9×9	9×8	7×9	12×6	5×15	7×9	8×11	8×7	7×9	5×15	7×9	8×8
7×9	13×5	7×11	6×11	11×5	8×11	7×11	8×8	6×11	13×5	8×8	9×9	11×5	8×8	6×11	13×5	12×6
6×11	9×9	8×11	13×7	9×11	13×7	14×6	8×11	16×6	9×11	16×6	14×6	15×6	8×11	13×7	9×9	7×9
13×5	9×11	12×7	15×6	14×6	8×11	14×6	15×6	9×9	15×6	8×11	16×6	13×7	15×6	14×6	13×7	7×11
9×8	8×11	9×9	6×9	5×12	11×5	8×7	13×7	16×6	14×6	12×4	13×4	11×4	5×12	9×9	9×11	13×5
12×6	12×7	15×6	9×11	12×7	12×4	13×4	6×9	13×7	5×12	8×7	6×9	9×9	14×6	13×7	12×7	7×9
7×11	14×6	8×7	7×7	9×11	13×7	9×11	12×4	13×4	11×4	9×11	13×7	12×7	7×7	8×7	13×7	8×8
6×11	9×9	7×3	1×1	5×2	5×5	8×11	13×4	8×7	11×5	8×11	6×6	4×3	1×1	7×3	9×11	6×11
5×15	8×11	6×6	7×2	4×3	9×2	7×3	6×9	11×4	13×4	7×5	5×2	9×2	7×2	5×5	13×7	9×8
7×11	12×7	9×9	7×7	5×12	13×4	11×5	12×4	7×7	12×4	6×9	11×5	6×9	8×7	12×7	12×7	8×8
12×6	13×7	14×6	9×11	11×4	8×7	5×12	8×7	13×4	5×12	8×7	11×4	12×4	9×11	13×7	9×9	7×11
5×15	15×6	7×7	12×4	12×4	6×9	11×4	8×7	6×9	13×4	7×7	12×4	5×12	6×9	7×7	8×11	5×15
13×5	9×9	5×12	13×4	13×4	11×4	8×7	11×5	8×7	12×4	8×7	6×9	13×4	11×5	12×4	12×7	6×11
6×11	13×7	6×9	12×4	9×9	7×2	6×6	7×5	7×3	15×2	7×5	1×1	8×11	8×7	6×9	13×7	13×5
12×6	8×11	12×4	7×7	9×11	5×2	7×3	3×11	14×2	13×3	5×5	7×2	9×11	5×12	7×7	12×7	7×11
7×9	12×7	13×4	8×7	8×7	13×4	6×9	5×12	8×7	12×4	11×5	5×12	6×9	12×4	11×5	8×11	9×8
9×8	9×11	8×7	11×5	6×9	5×12	7×7	11×5	12×4	6×9	13×4	7×7	11×4	13×4	8×7	13×7	12×6
8×8	9×9	9×11	13×7	9×9	8×11	9×11	9×9	8×11	9×11	13×7	12×7	9×9	8×11	12×7	9×9	7×9
6×11	12×6	13×5	7×11	8×8	6×11	9×8	7×9	7×11	7×9	6×11	12×6	8×8	7×9	7×11	9×8	6×11

KEY: **1-20** PURPLE **21-40** PINK **41-60** GREY **61-80** BLUE **81-100** BLACK

21. IRON GOLEM

ADVANCED MULTIPLICATION

9×9	8×11	7×12	9×10	15×6	9×9	8×11	7×12	9×10	9×9	8×11	7×12	9×9	13×7	8×11	7×12
8×11	7×12	9×9	15×6	8×8	7×10	8×8	7×11	14×5	6×11	8×8	7×10	15×6	9×10	14×7	15×6
9×10	13×7	9×10	8×11	12×6	7×9	6×11	7×10	7×10	8×8	7×9	13×5	8×11	7×12	13×7	9×9
15×6	9×9	7×12	13×7	14×5	8×9	17×4	8×8	17×4	6×11	8×8	6×11	7×12	9×9	15×6	13×7
8×11	15×6	14×7	9×10	8×8	6×11	13×5	6×11	7×9	14×5	7×10	8×8	9×9	13×7	8×11	9×10
13×7	7×12	8×11	7×12	5×9	8×6	9×6	7×7	5×10	7×8	11×4	5×11	8×11	13×7	7×12	9×9
9×9	9×10	7×12	9×9	8×8	5×4	7×2	12×6	8×8	5×3	4×3	7×9	9×9	14×7	9×10	13×7
15×6	9×9	7×12	13×7	14×5	0×0	6×3	13×5	7×9	3×3	3×0	14×5	13×7	7×12	9×9	15×6
13×7	9×9	9×10	9×9	13×5	1×0	4×3	8×9	7×11	2×8	1×0	6×11	9×10	8×11	15×6	14×7
9×10	15×6	8×11	15×6	7×10	17×4	8×8	9×6	5×10	7×10	7×11	7×10	9×9	15×6	7×12	9×9
7×12	13×7	15×6	7×12	6×11	7×11	14×5	7×8	5×9	17×4	14×5	11×7	7×12	13×7	8×11	15×6
9×9	8×11	9×10	9×9	8×9	6×11	17×4	7×7	11×4	7×10	17×4	13×5	8×11	9×9	9×10	8×11
5×9	8×6	3×7	6×6	5×9	14×5	7×10	8×6	6×10	12×6	8×8	7×7	8×8	6×6	6×5	8×6
7×10	8×8	5×5	12×6	9×6	5×10	7×7	6×9	5×9	9×6	5×11	5×9	7×10	7×5	8×8	12×6
14×5	6×5	8×9	7×9	13×5	12×6	8×8	8×6	6×9	8×8	7×10	13×5	7×9	12×6	8×4	14×5
13×5	7×5	7×11	6×11	8×8	7×11	12×6	5×9	7×7	7×9	14×5	8×9	8×8	17×4	6×11	3×7
8×8	8×9	3×7	14×5	17×4	6×11	17×4	7×11	7×10	8×9	6×11	7×10	13×5	7×10	14×5	7×4
7×9	12×2	8×8	8×4	12×6	7×11	8×8	7×10	13×5	8×8	12×6	14×5	7×11	12×6	3×11	7×10
12×6	7×10	9×3	7×4	6×6	6×11	17×4	7×9	8×8	7×11	13×5	7×9	13×5	4×10	8×9	14×5
7×11	8×4	12×6	3×11	13×5	14×5	8×9	14×5	14×5	13×5	6×11	8×8	17×4	6×11	5×5	7×9
12×6	3×7	8×9	5×5	7×9	8×8	13×5	7×11	8×9	7×10	8×9	14×5	12×6	8×8	6×4	13×5

KEY: **0** RED **1-20** BLACK **21-40** GREEN **41-60** BROWN **61-80** GREY **81-100** BLUE

22. DOG

4÷1	8÷2	16÷4	20÷5	12÷3	20÷5	8÷2	4÷1	24÷6	20÷5	4÷1	12÷3	28÷7	8÷2	12÷3	24÷6
12÷3	5÷1	10÷2	28÷7	4÷1	28÷7	10÷2	5÷1	16÷4	28÷7	32÷8	28÷7	24÷6	32÷8	24÷6	36÷9
16÷4	15÷3	20÷4	8÷2	24÷6	16÷4	15÷3	25÷5	4÷1	20÷5	8÷2	36÷9	4÷1	28÷7	36÷9	8÷2
8÷2	25÷5	5÷1	16÷4	4÷1	8÷2	35÷7	30÷6	20÷5	28÷7	4÷1	12÷3	8÷2	12÷3	4÷1	16÷4
20÷5	30÷6	35÷7	15÷3	5÷1	10÷2	30÷6	10÷2	8÷2	24÷6	36÷9	4÷1	12÷3	32÷8	12÷3	32÷8
24÷6	10÷2	15÷3	35÷7	30÷6	35÷7	5÷1	15÷3	12÷3	28÷7	20÷5	28÷7	24÷6	36÷9	20÷5	28÷7
4÷1		1÷1	10÷2	15÷3	20÷4	5÷5		16÷4	32÷8	8÷2	12÷3	32÷8	8÷2	4÷1	36÷9
20÷5	20÷4	6÷2	15÷5	6÷6	12÷4	9÷3	25÷5	4÷1	12÷3	24÷6	28÷7	4÷1	36÷9	12÷3	28÷7
16÷4	35÷7	12÷4	18÷6	9÷3	3÷1	18÷6	15÷3	4÷2	10÷2	12÷3	20÷5	32÷8	24÷6	20÷5	4÷1
28÷7	5÷1	18÷6	3÷1	15÷5	6÷2	12÷4	30÷6	8÷4	25÷5	5÷1	8÷2	20÷5	28÷7	32÷8	32÷8
8÷2	30÷6	9÷3	5÷1	20÷4	30÷6	15÷5	5÷1	6÷3	20÷4	30÷6	15÷3	12÷3	8÷2	24÷6	12÷3
28÷7	4÷1	4÷2	8÷4	10÷5	2÷1	10÷5	16÷8	2÷1	35÷7	10÷2	25÷5	5÷1	16÷4	28÷7	4÷1
16÷4	12÷3	15÷3	10÷2	20÷4	5÷1	25÷5	20÷4	15÷3	30÷6	35÷7	20÷4	30÷6	4÷1	24÷6	28÷7
24÷6	20÷5	25÷5	30÷6	25÷5	30÷6	10÷2	5÷1	25÷5	5÷1	10÷2	35÷7	35÷7	25÷5	12÷3	20÷5
8÷2	16÷4	5÷1	35÷7	4÷1	35÷7	35÷7	4÷1	8÷2	25÷5	35÷7	25÷5	5÷1	15÷3	8÷2	12÷3
20÷5	28÷7	30÷6	10÷2	8÷2	30÷6	25÷5	12÷3	20÷5	8÷2	10÷2	15÷3	35÷7	20÷4	25÷5	5÷1
28÷7	4÷1	25÷5	25÷5	12÷3	5÷1	35÷7	24÷6	16÷4	12÷3	4÷1	20÷4	10÷2	35÷7	30÷6	20÷4
24÷6	20÷5	5÷1	20÷4	16÷4	25÷5	20÷4	20÷5	10÷2	20÷4	5÷1	30÷6	35÷7	5÷1	4÷1	12÷3
4÷1	16÷4	15÷3	10÷2	24÷6	10÷2	5÷1	4÷1	5÷1	15÷3	25÷5	10÷2	15÷3	20÷4	28÷7	20÷5
28÷7	32÷8	4÷1	16÷4	20÷5	32÷8	16÷4	32÷8	28÷7	32÷8	28÷7	32÷8	16÷4	28÷7	32÷8	16÷4
8÷2	24÷6	28÷7	12÷3	24÷6	4÷1	28÷7	12÷3	24÷6	36÷9	16÷4	24÷6	4÷1	20÷5	24÷6	12÷3

KEY: **1** BLACK   **2** RED   **3** TAN   **4** GREEN   **5** GREY

*Blank squares are white

23. PIGS

5÷1	10÷2	15÷3	20÷4	5÷1	15÷3	25÷5	20÷4	5÷1	10÷2	15÷3	5÷1	20÷4	10÷2	5÷1	15÷3	5÷1
15÷3	4÷1	12÷3	20÷5	16÷4	24÷6	4÷1	28÷7	20÷5	30÷6	20÷4	35÷7	25÷5	30÷6	20÷4	25÷5	10÷2
20÷4	8÷2	16÷4	4÷1	12÷3	20÷5	24÷6	12÷3	24÷6	25÷5	15÷3	5÷1	35÷7	5÷1	15÷3	30÷6	5÷1
25÷5	12÷3	20÷5	16÷4	24÷6	16÷4	4÷1	16÷4	4÷1	5÷1	35÷7	20÷4	10÷2	25÷5	20÷4	10÷2	20÷4
10÷2	1÷1		4÷1	8÷2	4÷1	8÷2		2÷2	20÷4	30÷6	35÷7	25÷5	30÷6	35÷7	30÷6	25÷5
5÷1	12÷3	8÷2	2÷1	4÷2	6÷3	8÷4	12÷3	16÷4	25÷5	10÷2	20÷4	5÷1	15÷3	5÷1	15÷3	5÷1
15÷3	4÷1	20÷5	2÷2	4÷1	16÷4	1÷1	4÷1	20÷5	15÷3	12÷3	20÷5	24÷6	4÷1	20÷5	12÷3	10÷2
25÷5	16÷4	12÷3	4÷2	8÷4	10÷5	6÷3	24÷6	12÷3	10÷2	16÷4	4÷1	20÷5	12÷3	16÷4	4÷1	20÷4
20÷4	8÷2	20÷5	24÷6	4÷1	16÷4	28÷7	20÷5	28÷7	5÷1	2÷2		8÷2	4÷1		1÷1	25÷5
5÷1	12÷3	4÷1	8÷2	28÷7	20÷5	4÷1	12÷3	4÷1	25÷5	4÷1	6÷3	2÷1	8÷4	4÷2	8÷2	5÷1
25÷5	2÷1	6÷3	4÷2	2÷1	8÷4	10÷5	2÷1	4÷2	15÷3	16÷4	1÷1	4÷1	8÷2	3÷3	12÷3	15÷3
10÷2	8÷2	12÷3	4÷1	20÷5	8÷2	20÷5	4÷1	12÷3	30÷6	20÷5	8÷4	10÷5	6÷3	10÷5	4÷1	20÷4
15÷3	4÷1	20÷5	16÷4	12÷3	28÷7	16÷4	24÷6	28÷7	5÷1	4÷1	12÷3	8÷2	4÷1	12÷3	20÷5	10÷2
25÷5	12÷3	24÷6	8÷2	24÷6	4÷1	24÷6	12÷3	4÷1	25÷5	4÷2	2÷1	6÷3	10÷5	8÷4	2÷1	5÷1
5÷1	16÷4	4÷1	24÷6	5÷1	10÷2	8÷2	28÷7	24÷6	15÷3	8÷2	16÷4	4÷1	8÷2	12÷3	16÷4	20÷4
20÷4	4÷1	20÷5	4÷1	15÷3	20÷4	20÷5	4÷1	8÷2	10÷2	20÷5	24÷6	5÷1	10÷2	4÷1	20÷5	25÷5
10÷2	16÷4	12÷3	16÷4	25÷5	35÷7	12÷3	16÷4	20÷5	25÷5	4÷1	16÷4	15÷3	25÷5	16÷4	12÷3	15÷3
15÷3	2÷1	8÷2	4÷2	30÷6	5÷1	4÷2	8÷2	2÷1	5÷1	12÷3	8÷2	30÷6	15÷3	8÷2	4÷1	10÷2
3÷1	10÷2	20÷4	25÷5	20÷4	35÷7	25÷5	20÷4	35÷7	25÷5	30÷6	5÷1	20÷4	30÷6	20÷4	15÷3	3÷1
6÷2	12÷4	5÷1	10÷2	3÷1	15÷3	10÷2	3÷1	15÷3	20÷4	15÷3	10÷2	3÷1	10÷2	6÷2	5÷1	9÷3
9÷3	3÷1	6÷2	9÷3	12÷4	6÷2	5÷1	9÷3	6÷2	3÷1	5÷1	6÷2	9÷3	12÷4	9÷3	3÷1	6÷2

KEY: **1** BLACK **2** GREY **3** BROWN **4** PINK **5** GREEN

*Blank squares are white

24. MOOSHROOM

BASIC DIVISION

5÷1	10÷2	20÷4	10÷2	30÷6	5÷1	25÷5	30÷6	20÷4	35÷7	5÷1	40÷8	30÷6	5÷1	35÷7	10÷2	5÷1
4÷1	15÷3	5÷1	25÷5	15÷3	10÷2	20÷4	15÷3	10÷2	8÷2	15÷3	20÷4	45÷9	15÷3	20÷4	45÷9	15÷3
8÷2	12÷3	4÷1	8÷2	3÷1	6÷2	9÷3	3÷1	12÷3	4÷1	30÷6	35÷7	5÷1	40÷8	30÷6	5÷1	10÷2
10÷2	20÷5	24÷6	24÷6	9÷3		12÷4	24÷6	20÷5	20÷4	10÷2	8÷2	20÷5	12÷3	10÷2	40÷8	35÷7
5÷1	2÷1	4÷2	4÷1	12÷4	3÷1	4÷1	2÷1	6÷3	25÷5	20÷5		4÷1	24÷6	20÷5	20÷4	20÷4
15÷3	6÷3	2÷1	20÷5	6÷2	8÷2	12÷3	8÷4	4÷2	5÷1	8÷2	24÷6	28÷7		4÷1	5÷1	45÷9
20÷4	8÷2	4÷1	12÷3	4÷1	20÷5	24÷6	28÷7	12÷3	25÷5	15÷3	4÷1	20÷5	8÷2	15÷3	30÷6	40÷8
25÷5	12÷3	8÷2					8÷2	20÷5	20÷4	10÷2	5÷1	1÷1	5÷1	10÷2	20÷4	5÷1
5÷1	20÷5		4÷2	6÷2	3÷1	2÷1		24÷6	3÷1	12÷4	6÷2	8÷2	12÷3	8÷2	4÷1	15÷3
15÷3	4÷1		3÷1	15÷5	9÷3	15÷5		8÷2	15÷5	15÷5	4÷1	24÷6	4÷1	20÷5	12÷3	35÷7
30÷6	5÷1	8÷2	12÷3	4÷1	24÷6	4÷1	12÷3	9÷3	12÷4		20÷5	28÷7	32÷8	28÷7	24÷6	5÷1
35÷7	20÷4	3÷1	20÷5	24÷6	12÷3	24÷6	28÷7	8÷2	4÷1	12÷4	28÷7	8÷2	4÷1	8÷2	32÷8	30÷6
15÷3	5÷1	9÷3	12÷4	8÷2	28÷7	4÷1	20÷5	24÷6	9÷3	8÷2	4÷1	28÷7	32÷8	20÷5	4÷1	20÷4
40÷8	45÷9	6÷2		3÷1	12÷3	32÷8	8÷2	4÷1	12÷3	3÷1	12÷4	20÷5	24÷6	32÷8	8÷2	10÷2
5÷1	15÷3	12÷4	4÷1	20÷5	8÷2	4÷1	12÷3	6÷2	9÷3	6÷2		3÷1	4÷1	20÷5	12÷3	15÷3
20÷4	40÷8	3÷1	12÷3	24÷6	5÷1	32÷8	20÷5	4÷1	5÷1	4÷1	20÷5	5÷1	12÷3	8÷2	28÷7	5÷1
30÷6	10÷2	8÷2	28÷7	4÷1	10÷2	12÷3	32÷8	28÷7	10÷2	32÷8	32÷8	10÷2	28÷7	32÷8	4÷1	25÷5
5÷1	20÷4	20÷5	24÷6	20÷5	15÷3	20÷5	32÷8	24÷6	15÷3	20÷5	28÷7	15÷3	4÷1	20÷5	24÷6	40÷8
15÷3	35÷7	4÷1	12÷3	8÷2	20÷4	8÷2	4÷1	12÷3	20÷4	12÷3	8÷2	20÷4	8÷2	12÷3	4÷1	35÷7
25÷5	15÷3	4÷2	2÷1	6÷3	25÷5	2÷1	4÷2	6÷3	25÷5	4÷2	2÷1	25÷5	6÷3	8÷4	4÷2	15÷3
10÷2	5÷1	35÷7	15÷3	5÷1	10÷2	15÷3	35÷7	15÷3	5÷1	10÷2	35÷7	5÷1	15÷3	25÷5	10÷2	5÷1

KEY: **1** BROWN **2** BLACK **3** GREY **4** RED **5** GREEN

*Blank squares are white

25. CHICKEN JOCKEY

BASIC DIVISION

7÷1	14÷2	35÷5	21÷3	42÷6	49÷7	7÷1	28÷4	21÷3	14÷2	42÷6	35÷5	7÷1	21÷3	28÷4	42÷6	14÷2
21÷3	28÷4		49÷7	14÷2	35÷5	42÷6		49÷7	6÷1	12÷2	30÷5	36÷6	12÷2	24÷4	6÷1	21÷3
14÷2	35÷5	14÷2	28÷4	49÷7	49÷7	14÷2	21÷3	42÷6	18÷3	42÷7	12÷2	18÷3	42÷7	30÷5	24÷4	35÷5
28÷4	49÷7	42÷6	21÷3		7÷1	35÷5	49÷7	7÷1	12÷2	6÷1	24÷4	12÷2	6÷1	12÷2	18÷3	14÷2
35÷5		7÷1	49÷7	42÷6	49÷7	28÷4	21÷3	49÷7	30÷5	1÷1	2÷2	30÷5	3÷3	4÷4	42÷7	7÷1
7÷1	42÷6	21÷3	28÷4	14÷2	35÷5	49÷7		14÷2	24÷4	42÷7	6÷1	24÷4	12÷2	42÷7	30÷5	28÷4
35÷5						14÷2	21÷3	42÷6	12÷2	6÷1	24÷4	18÷3	12÷2	24÷4	6÷1	49÷7
28÷4						35÷5	12÷2	6÷1	5÷1	15÷3	10÷2	20÷4	25÷5	15÷3	14÷2	49÷7
21÷3	1÷1				4÷4	7÷1	18÷3	24÷4	10÷2	20÷4	30÷6	40÷8	5÷1	30÷6	35÷5	42÷6
7÷1	6÷2	9÷3	18÷6	12÷4	9÷3	35÷5	6÷1	12÷2	20÷4	25÷5	10÷2	30÷6	20÷4	10÷2	21÷3	28÷4
14÷2	12÷4	21÷7	3÷1	15÷5	6÷2	14÷2	21÷3	28÷4	7÷1	5÷1	35÷7	10÷2	35÷7	30÷6	7÷1	14÷2
6÷1		4÷2	8÷4	6÷3		6÷1	12÷2	18÷3	6÷1	25÷5	15÷3	20÷4	25÷5	5÷1	6÷1	18÷3
12÷2	18÷3	2÷1	10÷5	4÷2	35÷5	21÷3	8÷2	16÷4	20÷5	12÷3	24÷6	4÷1	16÷4	8÷2	24÷4	30÷5
24÷4	30÷5	49÷7					4÷1	20÷5	4÷1	28÷7	8÷2	20÷5	24÷6	12÷3	18÷3	36÷6
18÷3	6÷1	21÷3					12÷3	24÷6	28÷7	16÷4	12÷3	16÷4	20÷5	4÷1	42÷7	12÷2
36÷6	24÷4	7÷1					8÷2	16÷4	20÷5				35÷5	30÷5	36÷6	42÷7
6÷1	36÷6	18÷3	35÷5	49÷7	28÷4	7÷1	4÷1	12÷3	8÷2	49÷7	21÷3	7÷1	6÷1	12÷2	12÷2	24÷4
42÷7	12÷2	42÷7	24÷4	6÷1	3÷1	12÷2	24÷4	6÷1	18÷3	9÷3	12÷2	30÷5	18÷3	30÷5	36÷6	42÷7
18÷3	6÷1	30÷5	6÷1	18÷3	12÷4	30÷5	36÷6	42÷7	30÷5	3÷1	36÷6	24÷4	42÷7	6÷1	30÷5	18÷3
30÷5	12÷2	6÷1	42÷7	6÷2	9÷3	24÷4	42÷7	6÷1	6÷2	9÷3	30÷5	18÷3	6÷1	36÷6	12÷2	36÷6
6÷1	24÷4	36÷6	12÷2	24÷4	36÷6	6÷1	30÷5	12÷2	24÷4	42÷7	6÷1	36÷6	24÷4	12÷2	30÷5	6÷1

KEY: 1 BLACK 2 RED 3 BROWN 4 PURPLE 5 BLUE 6 GREEN 7 GREY

*Blank squares are white

26. COW

ADVANCED DIVISION

18÷2	27÷3	9÷1	54÷6	45÷5	54÷6	27÷3	72÷8	9÷1	54÷6	9÷1	72÷8	36÷4	54÷6	63÷7	9÷1	36÷4
7÷1	36÷4	45÷5	27÷3	63÷7	9÷1	45÷5	10÷1	36÷4	49÷7	45÷5	63÷7	9÷1		27÷3	72÷8	54÷6
72÷9	49÷7	84÷12	72÷9	6÷1	10÷2	15÷3	18÷3	64÷8	7÷1	10÷1	100÷10		6÷2		54÷6	27÷3
18÷2	64÷8	8÷1	42÷6	12÷2		20÷4	42÷6	21÷3	9÷1	36÷4	63÷7	27÷3		45÷5	45÷5	9÷1
36÷4	5÷1	6÷1	70÷10	20÷4	24÷4	72÷9	15÷3	5÷1	45÷5	9÷1		54÷6	45÷5	9÷1		54÷6
54÷6	1÷1		49÷7	15÷3	24÷3	21÷3		4÷2	63÷7		3÷1		10÷1		4÷1	
45÷5	72÷9	42÷6	40÷5	7÷1	49÷7	8÷1	64÷8	42÷6	72÷8	10÷1		9÷1	100÷10	9÷1		72÷8
63÷7	84÷12	8÷1					49÷7	8÷1	36÷4	63÷7	45÷5	10÷1	54÷6	27÷3	10÷1	45÷5
9÷1	64÷8		2÷1	15÷3	6÷1	4÷2		24÷3	10÷2	6÷1	12÷2	64÷8	49÷7	7÷1	72÷9	18÷2
72÷8	7÷1		10÷2	20÷4	24÷4	12÷2		7÷1	18÷3	20÷4	7÷1	40÷5	42÷6	21÷3	24÷3	9÷1
36÷4	18÷2	49÷7	64÷8	49÷7	84÷12	24÷3	49÷7	15÷3	24÷4	30÷5	72÷9	24÷3	7÷1	40÷5	7÷1	45÷5
27÷3	54÷6	6÷1	7÷1	42÷6	40÷5	7÷1	21÷3	24÷3	40÷5	10÷2	8÷1	49÷7	28÷4	35÷5	28÷4	54÷6
45÷5	9÷1	15÷3	12÷2	72÷9	28÷4	42÷6	63÷9	70÷10	5÷1	42÷6	21÷3	35÷5	42÷6	7÷1	64÷8	18÷2
72÷8	63÷7	20÷4	24÷4	5÷1	24÷3	35÷5	8÷1	21÷3	49÷7	30÷6	18÷3	7÷1	49÷7	40÷5	42÷6	63÷7
9÷1	36÷4	18÷3	64÷8	21÷3	7÷1	42÷6	63÷9	12÷2	20÷4	15÷3	24÷4	10÷2	7÷1	70÷10	7÷1	9÷1
45÷5	72÷8	10÷2	7÷1	70÷10	9÷1	63÷9	8÷1	28÷4	9÷1	7÷1	49÷7	9÷1	8÷1	21÷3	28÷4	36÷4
27÷3	54÷6	42÷6	42÷6	8÷1	18÷2	42÷6	21÷3	35÷5	18÷2	42÷6	21÷3	18÷2	64÷8	24÷3	49÷7	72÷8
72÷8	9÷1	24÷3	21÷3	28÷4	27÷3	24÷3	7÷1	84÷12	27÷3	24÷3	8÷1	27÷3	42÷6	7÷1	40÷5	10÷1
54÷6	63÷7	72÷9	7÷1	64÷8	36÷4	72÷9	64÷8	49÷7	36÷4	72÷9	64÷8	36÷4	8÷1	49÷7	72÷9	45÷5
36÷4	45÷5	4÷2	6÷3	1÷1	45÷5	4÷2	1÷1	6÷3	45÷5	4÷2	6÷3	45÷5	6÷3	4÷2	1÷1	27÷3
9÷1	27÷3	36÷4	9÷1	45÷5	27÷3	54÷6	18÷2	36÷4	27÷3	54÷6	18÷2	72÷8	63÷7	54÷6	72÷8	18÷2

KEY: **1, 2** BLACK **3, 4** YELLOW **5, 6** GREY **7, 8** BROWN **9, 10** GREEN

*Blank squares are white

27. CHICKEN

ADVANCED DIVISION

2÷1	36÷4	9÷1	63÷7	72÷8	4÷2	72÷8	63÷7	10÷1	63÷7	72÷8	9÷1	54÷6	72÷8	81÷9	4÷2
45÷5	18÷2	27÷3	36÷4	10÷1	27÷3	45÷5	81÷9	81÷9		81÷9	63÷7	27÷3	8÷4	54÷6	63÷7
63÷7		7÷1	14÷2	16÷2	32÷4		9÷1		6÷3		81÷9	10÷1	18÷2	54÷6	9÷1
72÷8							27÷3	81÷9		9÷1	54÷6	63÷7		18÷2	72÷8
18÷2	1÷1					2÷2	36÷4	10÷1	63÷7	81÷9	72÷8		10÷5		63÷7
54÷6	3÷1	8÷2	4÷1	6÷2	9÷3	8÷2	18÷2	72÷8	54÷6		27÷3	81÷9		81÷9	18÷2
45÷5	6÷2	9÷3	3÷1	9÷3	4÷1	3÷1	54÷6	63÷7		10÷5		27÷3	63÷7	90÷10	27÷3
63÷7		10÷2	5÷1	15÷3	12÷2		63÷7	72÷8	81÷9		54÷6	81÷9	27÷3		54÷6
81÷9		15÷3	20÷4	36÷6	6÷1		9÷1	36÷4	10÷1	45÷5	27÷3	63÷7		4÷2	
54÷6	9÷1	12÷2	24÷4	18÷3	10÷2	7÷1	14÷2	28÷4	8÷1	40÷5	48÷6	9÷1	27÷3		81÷9
72÷8	27÷3	8÷1				32÷4						8÷1	63÷7	81÷9	18÷2
81÷9	45÷5	14÷2				64÷8					14÷2		54÷6	27÷3	72÷8
8÷4	36÷4	32÷4					16÷2			32÷4			81÷9	10÷5	81÷9
54÷6	81÷9	28÷4	16÷2					24÷3	28÷4			7÷1	63÷7	27÷3	9÷1
63÷7	72÷8	45÷5	7÷1	24÷3	16÷2	8÷1					16÷2	10÷1	27÷3	63÷7	81÷9
81÷9	18÷2	27÷3	54÷6	36÷4	9÷1	4÷1	9÷1	10÷1	9÷1	4÷1	9÷1	18÷2	81÷9	81÷9	27÷3
72÷8		63÷7	81÷9	6÷3	18÷2	9÷3	36÷4	8÷4	27÷3	9÷3	27÷3	72÷8		54÷6	10÷1
	4÷2		63÷7	54÷6	27÷3	8÷2	45÷5	54÷6	18÷2	8÷2	36÷4		10÷5		63÷7
54÷6		90÷10	18÷2	72÷8	3÷1	6÷2	63÷7	72÷8	3÷1	6÷2	45÷5	81÷9		45÷5	72÷8
81÷9	63÷7	27÷3	36÷4	81÷9	54÷6	81÷9	63÷7	81÷9	63÷7	54÷6	27÷3	54÷6	81÷9	54÷6	18÷2
18÷2	45÷5	8÷4	54÷6	63÷7	10÷1	45÷5	54÷6	10÷5	18÷2	72÷8	18÷2	9÷1	63÷7	6÷3	10÷1

KEY: **1** BLACK **2** YELLOW **3, 4** BROWN **5, 6** RED **7, 8** GREY **9, 10** GREEN

*Blank squares are white

28. BABY OCELOT

9÷1	27÷3	45÷5	36÷4	72÷8	9÷1	72÷8	18÷2	27÷3	45÷5	36÷4	81÷9	9÷1	36÷4	27÷3	18÷2	9÷1
36÷4	45÷5	5÷1	10÷2	27÷3	45÷5	81÷9	36÷4	5÷1	10÷2	18÷2	72÷8	45÷5	9÷3	16÷4	20÷5	3÷1
27÷3	18÷2	12÷2	15÷3	9÷1	18÷2	10÷1	9÷1	12÷2	15÷3	9÷1	36÷4	10÷1	36÷9	7÷1	28÷7	21÷7
81÷9	15÷3	20÷4	36÷6	42÷7	12÷2	36÷6	20÷4	30÷5	36÷6	5÷1	27÷3	72÷8	4÷1	21÷3	16÷2	8÷2
72÷8	10÷2	30÷5	30÷6	35÷7	30÷5	48÷8	30÷6	42÷7	20÷4	15÷3	81÷9	10÷1	14÷2	24÷3	64÷8	40÷5
10÷1			3÷1	6÷2	20÷4	36÷6	16÷4	4÷1			9÷1	45÷5	28÷4	35÷5	42÷6	24÷3
45÷5			8÷2	16÷4	15÷3	10÷2	9÷3	8÷2			36÷4	16÷4	21÷7	20÷5	27÷9	6÷2
36÷4	20÷4	5÷1	2÷1	4÷2	1÷1	2÷2	6÷3	4÷2	30÷6	12÷2	27÷3	24÷3	6÷2	64÷8	9÷3	28÷7
27÷3	12÷2	30÷6	6÷3	8÷4	3÷3	4÷4	8÷4	10÷5	5÷1	30÷5	18÷2	28÷4	35÷5	42÷6	7÷1	28÷4
9÷1	30÷5	36÷6	10÷5	12÷6	6÷3	8÷4	6÷3	12÷6	36÷6	20÷4	9÷1	16÷2	64÷8	40÷5	8÷1	21÷3
6÷2	5÷1	12÷2	8÷4	2÷1	4÷2	12÷6	10÷5	2÷1	15÷3	10÷2	6÷2	16÷4	20÷5	4÷1	28÷7	36÷9
16÷4	3÷1										5÷1	10÷2	12÷2	14÷2	5÷1	20÷5
28÷7	36÷9	10÷2	30÷5						12÷2	20÷4	36÷6	4÷2	30÷5	36÷6	10÷2	28÷7
21÷7	20÷5	7÷1	36÷6	12÷2			20÷4	48÷8	30÷6	42÷7	35÷7	48÷8	42÷7	48÷8	35÷7	27÷9
8÷2	28÷7	42÷7	35÷7	48÷8	30÷5	35÷7	48÷8	7÷1	4÷2	54÷9	15÷3	42÷7	15÷3	42÷7	30÷6	16÷4
21÷7	6÷2	30÷5	15÷3	35÷7	42÷7	12÷2	30÷6	42÷7	30÷5	35÷7	30÷6	54÷9	7÷1	20÷4	54÷9	21÷7
27÷9	27÷9	14÷2	30÷6	42÷7	3÷1	4÷1	20÷4	42÷7	35÷7	6÷2	8÷2	4÷1	35÷7	48÷8	2÷1	9÷3
9÷3	21÷7	20÷4	36÷6	30÷5	8÷2	16÷4	36÷6	30÷5	30÷6	16÷4	9÷3	36÷9	36÷6	30÷5	30÷6	28÷7
21÷7	36÷9	2÷1	15÷3	7÷1	9÷3	36÷9	15÷3	20÷4	14÷2	20÷5	6÷2	20÷5	15÷3	20÷4	14÷2	36÷9
36÷9	28÷7	5÷1	10÷2	12÷2	20÷5	21÷7	5÷1	10÷2	12÷2	28÷7	27÷9	21÷7	5÷1	10÷2	12÷2	20÷5
3÷1	20÷5	9÷3	8÷2	36÷9	21÷7	6÷2	28÷7	20÷5	8÷2	9÷3	36÷9	6÷2	28÷7	16÷4	9÷3	3÷1

KEY: **1** BLACK **2** GREY **3, 4** GREEN **5, 6** YELLOW **7, 8** BROWN **9, 10** BLUE

*Blank squares are white

29. SQUID

MIXED

30+1	4×8	5×10	30+1	7×7	5×9	4×8	50÷1	35-2	4×8	35-2	50÷1	7×7	5×10	35-2	4×8	50÷1	30+1
50÷1	35-2	6×6	5×9	35-2	3×7	18+5	5×5	30-5	7×4	18+5	5×6	3×7	30+1	5×9	6×6	5×10	35-2
7×7	42-7	50÷1	5+30	5×10	26-1	9×3	4×6	9×3	26-1	9×3	4×6	26-1	7×7	50÷1	42-7	5×9	50÷1
5×10	5+30	5×9	40+5	30+1	5×5	5×0		3×7	4×6		7×0	9×3	5×10	5+30	5+5	4×8	5×9
42-7	30+1	5+30	6×6	7×7	4×6			5×6	5×6			18+5	6×6	42-7	7×7	3÷1	6×6
50÷1	5+30	1÷1	35-2	42-7	4×6	26-1	5×5	9×3	26-1	4×6	5×6	4×6	4×8	5+30	3×3	50÷1	7×7
5×9	6÷2	6×6	40+5	40+5	3×7	9×3	4×6	5×6	3×7	5×6	5×6	5×5	50÷1	6×6	5×2	6×6	4×8
35-2	5×2	5+30	5×10	30+1	18+5	5×6	30-5	4×6	7×4	4×6	30-5	7×4	5×10	5×9	50÷1	8-1	35-2
7×7	8-1	50÷1	5×9	5+30	5×6	26-1	5×6	9×3	18+5	5×6	4×6	5×6	30+1	7×7	5+30	2×3	5×9
50÷1	42-7	8+1	40+5	6×6	9×3	7×4	3×7	4×6	5×5	7×4	5×6	3×7	6×6	42-7	5×10	4+1	6×6
5×10	5×9	6÷2	5×9	35-2	30-5	4×8	5×6	30+1	4×8	26-1	4×8	9×3	7×7	5+30	8÷2	30+1	4×8
42-7	35-2	7-2	5+30	5×10	7×4	50÷1	4×6	35-2	6×6	5×6	7×7	30-5	50÷1	5×9	2+4	50÷1	7×7
6×6	2×3	5×9	42-7	7×7	4×6	35-2	18+5	6×6	5×10	18+5	6×6	7×4	6×6	7×7	4×8	2+4	5×10
7×7	3÷1	30+1	5×9	5+30	5×5	5×10	5×6	50÷1	42-7	5×6	42-7	5×5	4×8	5+30	42-7	3-1	35-2
50÷1	4×8	8÷2	40+5	50÷1	9×3	6×6	3×7	7×7	5×9	30-5	4×8	5×6	5×10	5×9	5×10	8÷2	30+1
5×2	30+1	3×3	42-7	42-7	30-5	50÷1	4×6	42-7	30+1	4×6	35-2	4×6	7×7	6×6	3×3	50÷1	4×8
2×3	10+1	5-2	35-2	6×6	7×4	7×7	26-1	5×10	5×9	9×3	5×9	26-1	6×6	42-7	3+7	6+6	10+1
6÷2	3×5	18-5	6×3	7×7	3×7	6×6	5×5	5×9	6×6	5×5	42-7	3×7	35-2	30+1	2+4	12+2	18-5
4×4	12+2	6+6	2×7	3×5	30+1	4×8	50÷1	4×8	7×7	30+1	50÷1	4×8	20-5	4×4	3×3	20-5	3×5
18-5	20-5	4×4	9×2	18-5	6×3	12+2	9×2	18-5	10+1	9×2	3×5	2×7	9×2	6×3	9×2	6+6	6×3
3×5	2×7	6+6	10+1	12+2	4×4	20-5	3×5	12+2	6+6	4×4	20-5	18-5	3×5	12+2	10+1	20-5	4×4

KEY: **0** BLACK **1-10** GREEN **11-20** YELLOW **21-30** PURPLE **31-50** BLUE

*Blank squares are white

30. BAT

30+1	6×6	40+5	6×8	30+1	9×5	50÷1	7×7	30+1	5×7	7×7	40+5	7×7	30+1	5×7	40+5	6×8	30+1
5×7	3×7	29-4	25÷1	5×5	20+1	6×6	40+5	35-2	6×8	50÷1	6×6	29-4	20+1	5×5	25÷1	29-4	7×7
6×6	7×4	10+1	5×4	15-2	7×4	50÷1	6×8	5×7	40+5	35-2	50÷1	7×4	5×4	10+1	12+3	7×4	6×6
40+5	5×5	2×6	12+3	7×2	25-1	7×7	30+1	35-2	6×8	30+1	6×6	3×7	17+3	7×2	15-2	20+1	40+5
5×7	25÷1	7×2	6×3	12+3	3×7	40+5	50÷1	6×6	40+5	35-2	7×7	25÷1	2×6	17+3	5×4	8×3	6×8
30+1	20+1	12+3	10+1	7×2	29-4	6×8	5×7	50÷1	6×8	40+5	50÷1	8×3	10+1	6×3	17+3	3×7	30+1
6×8	3×7	17+3	6×3	17+3	5×5	6×6	30+1	40+5	5×7	30+1	6×6	29-4	6×3	15-2	7×2	25-1	5×7
40+5	8×3	5×4	7×2	15-2	20+1	3×7	29-4	8×3	25÷1	30÷1	3×7	25-1	12+3	5×4	10+1	30÷1	30+1
9×5	25÷1	29-4	3×7	29-4	10+1	25-1	2×6	15-2	12+3	5×4	29-4	2×6	29-4	8×3	5×5	25÷1	40+5
6×6	50÷1	30+1	8×3	20+1	5×5	3×7	29-4	10+1	15-2	20+1	5×5	8×3	20+1	25÷1	30+1	6×8	9×5
50÷1	6×8	40+5	12+3	2×6	8×3	20+1	5×5	8×3	29-4	5×5	29-4	5×5	15-2	10+1	7×7	50÷1	6×6
30+1	7×7	6×8	5×4	20+1	5×5	3×7	30÷1	25÷1	5×5	3×7	5×5	20+1	8×3	2×6	30+1	30+1	35-2
35-2	40+5	6×6	3×7	29-4	5×5	25-1	8×3	3×7	20+1	25-1	30÷1	29-4	25-1	3×7	6×6	40+5	5×7
5×7	50÷1	30+1			5+5	2×5	29-4	20+1	29-4	5×5	9-2	5+5			30+1	33+2	35-2
35-2	30+1	7×7			4×2	8-2	25-1	8×3	25÷1	20+1	2×5	8-2			40+5	5×7	30+1
6×6	9×5	40+5	5×5	8×3	20+1	3×7	25÷1	3×7	30÷1	25-1	3×7	7×4	30÷1	25÷1	9×5	50÷1	7×7
40+5	7×7	5×7	25-1	30÷1	25÷1	29-4	8×3	25-1	20+1	5×5	8×3	5×5	29-4	3×7	30+1	40+5	6×8
6×8	40+5	30+1	3×7	29-4	10+1	5×4	5+1	7×1	2×5	4×2	5×4	15-2	5×5	25-1	9×5	6×6	7×7
30+1	7×7	6×8	20+1	25-1	2×6	15-2	4×2	5+5	9÷3	8-2	2×6	10+1	29-4	8×3	40+5	5×7	40+5
5×7	40+5	6×6	30+1	3×7	25-1	29-4	30÷1	8×3	29-4	29-4	30÷1	7×4	3×7	30+1	6×6	6×8	5×7
29-4	3×7	25÷1	29-4	25÷1	5×5	20+1	3×7	29-4	30÷1	20+1	3×7	25-1	25÷1	20+1	5×5	29-4	3×7

KEY: **1-10** BLACK **11-20** GREY **21-30** BROWN **31-50** BLUE

*Blank squares are white

1. SNOW GOLEM

2. BLAZE

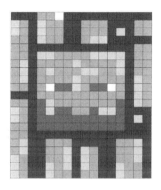

3. ZOMBIE

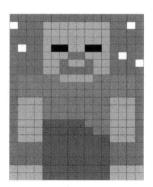

4. STEVE

5. CREEPER

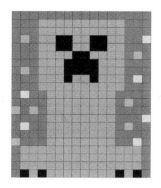

6. ENDERMAN

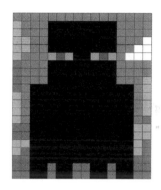

7. KILLER BUNNY

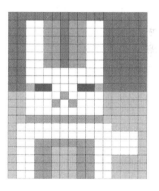

8. ENDERMITE

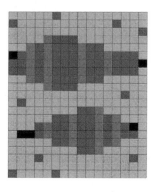

9. SKELETON

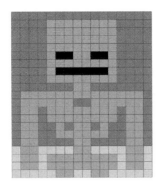

10. ZOMBIE VILLAGER

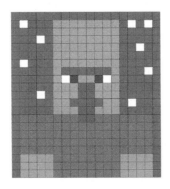

11. SHEEP

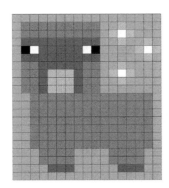

12. MAGMA CUBE

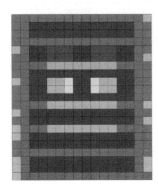

13. WITCH

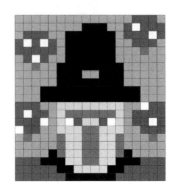

14. ZOMBIE PIGMAN

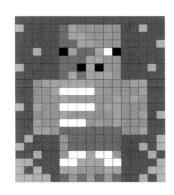

15. GHAST

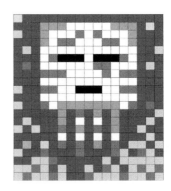

16. VILLAGER

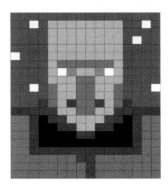

17. SLIME

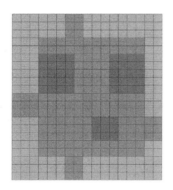

18. SILVERFISH

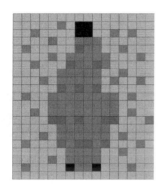

19. WITHER BOSS

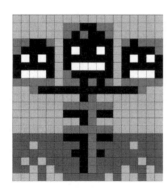

20. ENDER DRAGON

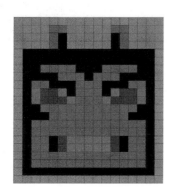

21. IRON GOLEM

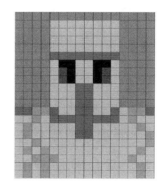

22. DOG

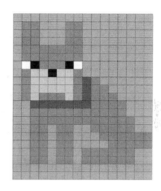

23. PIGS

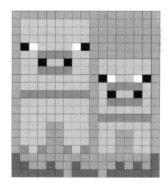

24. MOOSHROOM

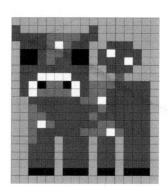

25. CHICKEN JOCKEY

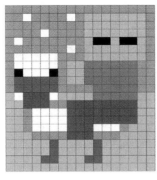

26. COW

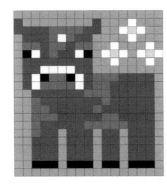

27. CHICKEN

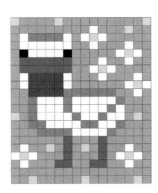

28. BABY OCELOT

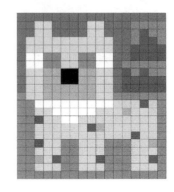

29. SQUID

30. BAT

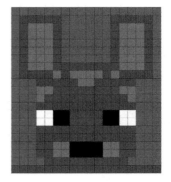

Made in the USA
Columbia, SC
17 June 2020